Alfonso Gálvez

Cantos del Final del Camino

New Jersey
U.S.A. - 2020

Cantos del Final del Camino by Alfonso Gálvez. Copyright © 2020 by Shoreless Lake Press. American edition published with permission. All rights reserved. No part of this book may be reproduced, stored in retrieval system, or transmitted, in any form or by any means, electronic, mechanical, photocopying, recording or otherwise, without written permission of the Society of Jesus Christ the Priest, P.O. Box 157, Stewartsville, New Jersey 08886.

Director Técnico
Juan A. Albaladejo

CATALOGING DATA

Author: Gálvez, Alfonso, 1932–
Title: Cantos del Final del Camino

        First Printing   New Jersey, 2016
        Second Printing New Jersey, 2020

Library of Congress Control Number: 2020922410

ISBN–13: 978-1-953170-12-5 (Hardcover)
          978-1-953170-13-2 (Paperback)
          978-1-953170-14-9 (E-book)

**Published by
Shoreless Lake Press
P.O. Box 157
Stewartsville, New Jersey 08886**

INTRODUCCIÓN

Los *Cantos del Final del Camino* es una refundición de los *Cantos Perdidos* de anteriores ediciones, aunque con cambios sustanciales. Puesto que muchos de los antiguos *Cantos Perdidos* han quedado eliminados, mientras que otros han sido remozados y se han añadido al conjunto algunos nuevos.

Aparece este libro en un momento en que el Arte en todas sus ramas se encuentra en franca decadencia, que es lo que suele suceder en las épocas de crisis. Por supuesto que siguen apareciendo multitud de productos que recaban para sí el carácter de *artísticos*, por más que con demasiada frecuencia sin ninguna razón que lo justifique. Pero el hombre de hoy *pasa por todas*, como ahora se dice, lo mismo en el Arte que en todo lo demás.

La Poesía es precisamente en la actualidad una de las Artes más cultivadas, hasta el punto de que el número de los llamados *poetas contemporáneos* son legión. Sus creaciones llenarían las librerías si encontraran alguien que las publicara, y en cuanto al número de lectores quizá no pase del reducido grupo de los amigos del *poeta* de turno. Por lamentable que parezca, es preciso reconocer que la *Poesía* digna de tal nombre es algo hoy difícil de encontrar.

El libro no pretende venir a llenar un hueco, por la sencilla razón de que el autor no mira su contenido sino como la mera expresión de unos sentimientos de amor a Jesucristo, los cuales él hubiera deseado que fueran más elevados e intensos, pero de los que confiesa honestamente que al menos están cargados de sinceridad.

El hecho de que hayan sido redactados en forma versificada, sin pretensión alguna, tal vez pueda servir de provecho a algunos y seguramente de agrado a otros, con lo que el autor se consideraría satisfecho con el fruto de su trabajo y agradecido a quienes lo consideren de alguna manera. La obra fue en realidad un mero intento de reflejar de algún modo, a través de la belleza de las criaturas, la grandiosidad de la Belleza Divina. Ante cuya bondadosa intención, el hecho de que lo haya conseguido o no, resulta indiferente.

Algo que dice en favor del librito —que en este punto no deja de parecer un modesto desafío— es el hecho de que pretende hablar del amor en un momento en el que, no solamente el hombre de hoy (con la Iglesia incluida) ha dejado de creer en él, sino que muy de acuerdo con la opción hecha por la mentira en la que se ha embarcado, ha sustituido tan sublime concepto por verdaderos engendros y aberraciones a los que, en forma casi blasfema, atribuye el nombre de amor. Y es que el hombre, que fue creado para amar, cuando voluntariamente se aparta de la Fuente de todo Amor, no puede hacer sino tratar de sustituirlo por sucedáneos, los cuales empiezan siendo meras caricaturas y luego acaban descubriéndose como verdaderas monstruosidades.

Esta breve colección de versos toma su nombre por la circunstancia de que fueron coleccionados después de un largo periplo y cuando ya se vislumbra el final del Camino. Lo que les proporciona la ventaja de que pueden mirar hacia atrás y juzgar con perspectiva. Pues el mirar *hacia adelante* es para soñadores que se ilusionan con proyectos de futuro aún no realizados, mientras que el *mirar hacia atrás* es propio de quien, después de un largo tiempo de haber experimentado y examinado con cuidado las cosas, está en disposición de juzgarlas y obtener de ellas lecciones de sabiduría; como sucede con la Historia, que por eso se dice de ella que es *Maestra de la Vida*. Y es también lo propio del caminante que, cansado y agobiado, se detiene por un instante al borde de un camino para tomar un descanso y detener el paso algunos momentos, mientras se hace con unas bocanadas de aire puro, escucha el trinar de los pájaros y aspira el aroma de las flores de una cercana rosaleda. Cosa que viene a hacer precisamente cuando se aproxima el final de su viaje,

allí donde se acaba la vereda
y el duro trajinar atrás se queda.

ACERCA DE LA POESÍA

Y

EL MITO DE LA POESÍA VANGUARDISTA

Lo Bello —el *pulchrum*— fue el último de los transcendentales en ser considerado como tal. Y para empezar, hay que decir que el tema que pretendemos abordar aquí nos sitúa en las lindes de la filosofía y de la teología, lo cual significa introducirse en el mismo corazón de la metafísica. Una vez admitido eso, apenas es necesario añadir que nos enfrentamos a lo más profundo de lo que, con toda razón, podríamos llamar el abismo del misterio del *ser*. Por lo que sería posible elaborar, ya de entrada, una extensa lista de problemas a estudiar, discutir y profundizar sin límite alguno..., bien convencidos, por eso mismo, de que jamás llegaremos a resolverlos de modo exhaustivo. Pero ya hemos dicho que estamos ante el misterio.

Lo primero que excita nuestro apetito de saber en el presente problema, es el hecho de que haya sido el *pulchrum* el último en ser reconocido como uno de los atributos del ente: los transcendentales. Porque si el ser es el uno, la bondad y la verdad, ¿acaso era tan difícil reconocer que también es la belleza?

Para Santo Tomás, así como el bien es *quod omnia appetunt,* el *pulchrum* queda limitado a satisfacer la vía cognoscitiva: *pulchra enim dicuntur quæ visa placent.* De manera que es bello *aquello que agrada a la vista.*[1] Por supuesto que el Santo reconoce que entre uno y otro no existe sino una distinción de razón: *super eandem rem fundantur... sed ratione differunt,* tal como lo dice claramente en el siguiente texto: *Ad primum ergo dicendum quod pulchrum et bonum in subiecto quidem sunt idem, quia super eandem rem fundantur, scicitet super formam: et propter hoc, bonum laudatur ut pulchrum. Sed ratione differunt. Nam bonum proprie respicit appetitum: est enim bonum quod omnia appetunt. Et ideo habet rationem finis: nam appetitus es quasi quidam motus ad rem. Pulchrum autem respicit viam cognoscitivam: pulchra enim dicuntur quæ visa placent. Unde pulchrum in debita pro-*

---

[1] En este tema, como en tantos otros, la referencia a Santo Tomás es obligada, frente a tantos autores como han abordado el problema aunque ninguno de forma tan completa y seria como el Aquinatense. Por lo que nos limitaremos a él, considerando que es la mejor manera de ahorrar tiempo y de andar seguros.

portione consistit: quia sensus delectatur in rebus debite proportionatis, sicut in sibi similibus; nam et sensus ratio quædam est, et omnis virtus cognoscitiva. Et quia cognitio fit per assimilationem, similitudo autem respicit formam, pulchrum proprie pertinet ad rationem causæ formalis.[2] Pero desde luego, así como el bien se identifica con el ser —*ens et bonum convertuntur*—, y puesto que se distingue del *pulchrum* solamente por vía de razón, resulta en buena doctrina que lo bello también se identifica con el ser.

De todas formas, es bien sabido que Santo Tomás es más proclive a la vía intelectiva que a la volitiva. La *Beatitudo*, como último fin del hombre, consiste para él en la *contemplación saciativa de la verdad*. Según el Santo, *ultima et perfecta beatitudo non potest esse nisi in visione divinæ essentiæ*.[3] Como es lógico, Santo Tomás acertará una vez más. Por nuestra parte no nos vamos a dedicar a contradecirlo, ni menos aún a discutir por extenso una cuestión que, además de no ser de este lugar, carecemos de competencia para poder abordarla. De todos modos, y siempre teniendo en cuenta que no pretendemos sino exponer una opinión, personalmente nos agrada más creer que, por lo que se refiere al último fin y a la posesión del infinito Bien, intervienen por igual tanto la vía cog-

---

[2] Santo Tomás, *Summ. Theo.*, I^a, q. 5, a. 4, *ad primum*.
[3] Santo Tomás, *Summ. Theo.*, I^a–II^æ, q. 3, a. 8, *Respondeo*.

noscitiva como la volitiva. Pues es posible —siempre a nuestro modo de entender— que tampoco el hombre se sintiera saciado con la mera *contemplación* del Bien infinito.

Desde luego, el argumento escriturístico que aporta el Santo (1 Jn 3:2) no parece concluyente. Y tampoco conviene olvidar que el hombre no es solamente inteligencia, ni solamente voluntad; sino un *todo* en el que ambas facultades, aunque en él sean distintas, actúan formando una unidad. Parece más lógico pensar que el ser humano más bien aspiraría a la plena posesión de Quien es, a la vez, el Uno, la Verdad, el Bien y la Belleza, todos ellos en grado infinito e identificados en el Sumo Ser. Posesión que, por otra parte, sería imposible conseguir por otra vía que no fuera a través del amor.

Es imposible amar sin conocer. Y desde luego, no hay posibilidad de desear el bien sin conocerlo previamente: *nihil volitum quin præcognitum*. Pero, si es un absurdo pretender desear sin conocer previamente, conocer sin amar (o desear) no tiene sentido alguno.[4] Por lo que no parece ser suficiente, como consecución de la definitiva *Beatitudo*, la mera *contemplación saciativa de la verdad*. Si Dios es Amor (1 Jn 4:8), y

---

[4] Y, por supuesto que, cuando se trata del bien, sería imposible no desearlo. Como el mismo Santo Tomás es el primero en reconocer.

ha querido revelarse al hombre como tal además de constituirse como su último fin, no podrá menos de desear entregarse al hombre y de recibirlo a su vez en reciprocidad, puesto que en eso consiste esencialmente el amor.

Como la belleza, lo mismo que el bien, *in re* se identifica con el ser, podemos suponer que también ella es *quod omnia appetunt*. Pero, como siempre, los transcendentales se entienden mejor dentro de la estructura general de la teoría del amor. Y así por ejemplo, si nos atenemos a lo que sucede en las creaturas, así como en el amor puramente humano resulta mucho más fácil para el enamorado distinguir entre la bondad y la belleza, en el amor divino–humano resulta prácticamente imposible. El hombre enamorado de Dios no suele distinguir entre la bondad y la belleza divinas, las cuales resultan para él *una misma cosa*, contempladas sobre todo a través de (y en) la Persona de Jesucristo. De tal manera que bien podemos decir: ¿acaso el alma enamorada se siente atraída por la bondad, la cual resplandece en Jesucristo, más que por la belleza y el encanto que también brillan en Él como faro reluciente y seductor?[5]

---

[5] Como puede verse, a medida que los transcendentales ascienden (en nuestro orden cognoscitivo) en la escala del ser, se comprende mejor la identificación de todos ellos con él.

Pero demos ya de lado a las disquisiciones filosóficas, teológicas y metafísicas, que no son de este lugar ni nos corresponden a nosotros, y centrémonos en lo que constituye el objeto de esta introducción, a saber: la belleza, manifestada esta vez por medio de la poesía.

Pues, efectivamente, la poesía es la expresión de la belleza por medio de la palabra. Lo mismo que la pintura la presenta por medio de la imagen, o la música a través del sonido. A propósito de lo cual, tal vez convenga recordar que, según Santo Tomás, la belleza se percibe por los sentidos de la vista y del oído. Y puesto que la poesía tiene acceso a ambos, según la palabra sea oral o escrita, puede decirse que participa de las dos vías de aproximación a la belleza.

A su vez, la palabra es el vehículo utilizado por el lenguaje. El cual es, para el ser humano, el medio en el que se expresan los conceptos. Acerca de lo cual, ha de tenerse presente que, puesto que el hombre no es capaz de penetrar de modo *exhaustivo* la esencia de las cosas, con mayor razón tal limitación alcanza también al lenguaje; teniendo en cuenta, sin embargo, que, si bien no llega a agotar su comprensión de modo *exhaustivo*, o en su total profundidad, es capaz de conocerlas verdaderamente en lo que realmente son, pese a lo que digan el kantismo y el conjunto de las filosofías idealistas.

Con respecto a la poesía, el campo del lenguaje se concreta y amengua más todavía, puesto que es necesario que exprese la *belleza*. Y de ahí que, si el lenguaje utilizado en lo que se ofrece como poesía no presenta rasgos de belleza, ni tampoco parece capaz de evocarla, bien puede decirse que no existe allí poesía en modo alguno por más que se pretenda lo contrario.

El ente, o el ser, es lo primero que el hombre percibe,[6] según el tomismo, o la filosofía del ser, también llamada *filosofía perenne* e incluso a veces *filosofía del sentido común*. Denominación esta última a propósito de la cual quizá valga la pena observar que, el hecho de que el sentido común parezca haber desaparecido de una inmensa mayoría de seres humanos, en modo alguno puede considerarse ajeno al olvido universal y generalizado de la filosofía del ser. Todo lo cual tenido en cuenta, no habría de parecer tan difícil aprehender o percibir cosas como la bondad o la belleza, las cuales, al fin y al cabo, se identifican con el ser.

No habría de serlo, efectivamente, aunque de hecho lo es. Lo cual no es todo aún. Porque, a causa del olvido y alejamiento (e incluso desprecio) que se han producido con respecto a la idea del ser, la percep-

---

[6]Santo Tomás, *De Ente et Essentia*, Proemium; *Met.*, II, 1; *I Sent.*, 1, 3, 3; *I Sent.*, 38, 1, 4, 4; *In Metaph.*, I, 2.

ción de la belleza parece haberse convertido en tarea de titanes, por no decir en labor imposible. Aunque, a fuer de realistas, mejor que de *dificultad,* más bien habría que hablar aquí de *corrupción* del lenguaje y de las ideas. Puesto que, no solamente se cataloga como belleza cualquier cosa, aunque no muestre rasgo alguno de pulcritud, sino que incluso se abre la puerta a su identificación con todas las aberraciones del *feísmo.*[7]

Cuando se vuelve la espalda al *ser,* se quiera o no se quiera reconocer, lo que aparece en su lugar no es precisamente el vacío —el *vacuum*—, sino el *feísmo* o, si se quiere decir de forma más suave, la ausencia de belleza al menos. Pues no existe un término medio entre el ser y la nada. Aunque tampoco puede decirse que el *feísmo* es lo contrario al *ser,* puesto que el ser carece de contrario —la *nada* es, sencillamente, nada—. Y si, por otra parte, el *ser* se identifica con el bien, con la bondad, la verdad y la belleza, resulta entonces que, una vez eliminado, desaparecen también los otros transcendentales. A lo cual hay que añadir

---

[7] Utilizamos aquí el término *vanguardista,* aplicado a la poesía, como comprensivo de todas las variadas y complejas formas del arte (de la poesía, en nuestro caso) que se separan del realismo. Se trata de un procedimiento con vistas a la simplificación, dado que esta introducción no pretende ser un estudio o un ensayo sobre el tema.

que el corazón del hombre no fue hecho para dar acogida al *vacío*, sino a la *infinitud* —*Nos hiciste, Señor, para ti, y por eso nuestro corazón estará inquieto mientras no descanse en ti...*[8]—. Olvidada o eliminada la idea del ser, desaparece también, como por ensalmo, la de la belleza. De ahí la razón de la poesía *feísta*, que también se podría equiparar a la poesía que *no dice nada*.[9]

Sucede que el presunto *poeta*, o el que ha optado por el nihilismo o el *feísmo*, no puede hacer otra cosa. Una vez desterrado el ser del conjunto de los sentimientos, quedan también deportadas del alma las ideas de la belleza, de la bondad y de la verdad. El corazón de tal *poeta*, que ha cerrado la puerta a la belleza, queda insensible y vacío ante ella. Y, como fácilmente percibe el sentido común y comprueba la experiencia, donde no existe la sensibilidad para percibir la belleza, tampoco es posible encontrar la capacidad para expresarla o crearla. De modo que un corazón humano de tal guisa, cerrado a la belleza, no es capaz de crear poesía. Pues, como decía el dicho escolástico, *quidquid recipitur, ad modum recipientis recipitur*. Y de la misma forma podría asegurarse que lo que sale hacia afuera, no puede ser otra cosa sino lo que ya hay dentro.

---

[8] San Agustín, *Confesiones*, I.
[9] En realidad es un concepto negativo en relación al ser, lo mismo que el pecado lo es en relación a la bondad.

Evidentemente, alguien podría objetar, sin duda que con cierto fundamento, con respecto a lo que se acaba de decir. Según lo cual, un hombre carente de bondad sería incapaz de elaborar auténtica poesía. Y de hecho es indudable que han existido grandes poetas a quienes no es posible presentar como modelos de virtud. Sin embargo, para que la objeción pudiera ser admitida como concluyente, precisaría reconocer también un conjunto de circunstancias concomitantes. Pues, como bien atestigua la Historia y reconocen los hechos, tales poetas, al menos ordinariamente, *jamás han estado cerrados o vueltos de espaldas por completo a la bondad*,[10] aparte de que también *fueron siempre ajenos a renegar de la idea del ser*. El desprecio y hasta el rechazo del concepto del ser, como fenómeno colectivo y universalmente extendido, es más bien propio de los tiempos modernos, fruto de las filosofías idealistas y de secuelas ideológicas tales como el marxismo. Nos quedaremos para siempre sin saber lo que hubiera sido de tan excelsos vates en el caso, de ninguna manera imposible, de que hubieran sido almas

---

[10] Poetas ilustres, por limitarnos a la lengua castellana, como Lope de Vega, Quevedo o Góngora, de costumbres no siempre enteramente rectas, eran indudablemente hombres de una fe tan profunda y de sentimientos religiosos tan arraigados como para jamás ponerlos en duda.

enteramente receptivas a los conceptos de la bondad y de la verdad.

De todos modos, forzoso es tener en cuenta que nos estamos moviendo en el orden de las generalidades, las cuales no siempre pueden ser aplicadas a todos y cada uno de los seres humanos, individualmente considerados. Solamente Dios sabe lo que hay en el corazón del hombre, y únicamente Él conoce lo que está dispuesto a conceder a cada uno, incluso al más perverso; pues nadie es definitivamente reprobado hasta que se encuentra como condenado en el Infierno. Elementos de belleza o de bondad, más o menos abundantes, pueden encontrarse en cualquier hombre y en el momento más inesperado. Picasso, por ejemplo, era muy capaz de hacer buena pintura *cuando quería*.

Pero es indudable que el rechazo del ser ha dado lugar a generaciones de seres humanos que, voluntariamente o no, han llegado a desconocer sistemáticamente la belleza. Si a eso se une el poder difusor y propagandístico de que gozan las ideologías, nada tiene de extraño que, de manera prácticamente general y muy extendida, se concedan cartas de acreditación de poesía (o de buena pintura, o de buena música) a producciones *artísticas* que están muy lejos de serlo. El caso de Rafael Alberti, por ejemplo, es típico a este respecto. Su musa de *poeta genial*, o simplemente de poeta, derivaba exclusivamente del hecho de pertenecer al Partido Comunista. Pues es bien sabido que, sin que nadie haya preguntado porqué, la Izquierda se ha arrogado el derecho, bien apoyada una vez más por el poderoso aparato publicitario de la modernidad, de impartir títulos de laureados a miembros suyos a quienes considera merecedores de figurar en el Parnaso.

Por otra parte, la ausencia del requisito de la *belleza* como ingrediente esencial de la poesía, abre las puertas a cualquiera que aspire a ser coronado por cualquiera de las dos musas —Calíope o Erato— que, según la Mitología, fueron las inspiradoras de la poesía (épica o lírica); aunque siguiendo ahora un procedimiento en el que los merecimientos son lo que menos cuenta. Así se ha hecho posible que las masas acepten como poesía cualquier producto, incluidos aquéllos cuya posible aproximación a la belleza ni siquiera puede ser considerada como coincidencia. Aquí cabría aplicar, por extensión, lo que decía Fray Gerundio de Campazas cuando se parangonaba con los predicadores de su tiempo:[11] *que para predicar, tal como se hacía por ahí, él no necesitaba libros* (cosa que el P. Isla, creador del personaje, refrendaba plenamente). Pues algo así precisamente se podría decir con

---

[11] *Historia del famoso predicador Fray Gerundio de Campazas, alias Zotes*, del P. Isla (1703–1781).

respecto a las creaciones de muchos poetas modernos.

Veamos, por ejemplo, una poesía de Alberti, escogida al azar, y tratemos de percibir en ella, o bien la belleza, o bien algunos sentimientos al menos que puedan inducir a ella:

A Miss X, Enterrada en el Viento del Oeste

¡Ah, Miss X, Miss X; 20 años!
Blusas en las ventanas,
los peluqueros
lloran sin tu melena
—fuego rubio cortado—.
¡Ah, Miss X, Miss X sin sombrero,
alba sin colorete,
sola,
tan libre,
tú,
en el viento!
No llevabas pendientes.
Las modistas, de blanco, en los balcones,
perdidas por el cielo.
—¡A ver!
¡Al fin!
¿Qué?
¡No!
Sólo era un pájaro,
no tú,
Miss X niña,
El barman, ¡oh qué triste!
(Cerveza.
Limonada.
Whisky.

Cocktail de ginebra.)
Ha pintado de negro las botellas,
y las banderas,
alegrías del bar,
de negro, a media asta.
¡Y el cielo sin girar tu radiograma!
Treinta barcos,
cuarenta hidroaviones
y un velero cargado de naranjas,
gritando por el mar y por las nubes.
Nada.
¡Ah, Miss X! ¿Adónde?
S.M. el Rey de tu país no come.
No duerme el Rey.
Fuma.
Se muere por la costa en automóvil.
Ministerios,
Bancos del oro,
Consulados,
Casinos,
Tiendas,
Parques,
cerrados.
Y, mientras tú, en el viento
—¿te aprietan los zapatos?—,
Miss X de los mares
—di, ¿te lastima el aire?—.
¡Ah Miss X, Miss X, qué fastidio!
Bostezo.
Adiós...
Good Bye...
(Ya nadie piensa en ti. Las mariposas
de acero,
con las alas tronchadas,
incendiando los aires,
fijas sobre las dalias
movibles de los vientos.
Sol electrocutado.

Luna carbonizada.
Temor al oso blanco del invierno.
Veda.
Prohibida la caza
marítima, celeste,
por orden del Gobierno.
Ya nadie piensa en ti, Miss X niña.)

Como puede verse, se trata de un producto en el que, además de que sería inútil buscar algún vestigio de belleza, tampoco puede encontrarse en él *absolutamente nada*. Solamente podría evocar en un lector, con tal de que estuviera dotado de sentido común y de un mínimo al menos de sensibilidad, sentimientos de vacío o de fastidio. Personalmente, y aun a sabiendas de que serán muchos los que no estarán de acuerdo con nosotros, la cosa nos parece, ni más ni menos, lo que ordinariamente se suele llamar *una tomadura de pelo*.

Claro que proclamar esto en nuestro sufrido mundo es provocar un verdadero escándalo. Es más prudente reconocer, a voz en grito y a coro con las multitudes, que el Rey desfila ricamente vestido y cubierto de un hermoso manto de preciadas joyas; por más que a los ojos se imponga por necesidad el hecho patente de que va desnudo. Es absolutamente preciso, no solamente no hacer caso de los datos que proporciona el sentido de la vista, sino estar dispuesto a afirmar rotundamente lo contrario de lo que claramente se percibe; salvo que se quiera ser catalogado como insensato, obtuso, fuera de tiesto... y candidato seguro al manicomio. Por todo lo cual quizá, ahora más que nunca, harían falta niños que, como en el conocido cuento, gritaran, con tanta ingenuidad como llaneza, lo que sencillamente estarían viendo sus ojos, a saber: la desnudez del Rey.

Ya hemos dicho que el desprecio del *ser*, no solamente ha dado lugar en la poesía al olvido de la *belleza*, sino que también ha desembocado en una pretendida literatura poética que no dice *absolutamente nada*. Aunque con la ventaja, por supuesto, de que así se abren las puertas a la mediocridad y al mundo de lo fácil. Las musas no se han mostrado nunca muy dispuestas a derrochar sus inspiraciones de manera indiscriminada, sino que más bien han hecho ver sus preferencias por la genialidad y a favor de una elite más o menos determinada. De ahí que el número de los verdaderos poetas sea tan escaso, a pesar de ser innumerables los que pretenden serlo. Pues efectivamente son muchos los que aspiran a tal atributo y que, o bien se lo arrogan descaradamente, o bien es el mismo Sistema el que, en busca de sus propios intereses, se lo proporciona. Con lo que volvemos a lo de siempre: una composición literaria que nada tenga que ver con el *ser*, ni tampoco por lo tanto con la *belleza*, sino solamente con la *nada* —porque realmente nada dice—, no es en absoluto poesía, por más que su autor se atribuya a sí mismo el título de poeta, o porque lo hagan otros. Aunque es indudable que, una vez admitido que tal cosa —el lenguaje vacío— es verdaderamente arte literaria poética, cualquiera puede confeccionarlo y atribuirse los laureles. Lo cual explica la extraordinaria abundancia de poetas en nuestro mundo, con infinidad de elaboraciones cuyo éxito y aceptación dependen más del *marketing* y de las empresas publicitarias que del verdadero arte. Y sin embargo, como insistiremos a continuación, una cosa que es esencial a la verdadera poesía es precisamente el hecho de que diga *algo*, puesto que es la manifestación de la *belleza*, expresada mediante el lenguaje de las palabras apuntando directamente a lo más profundo del alma; en definitiva, con el propósito de llegar, mediante su peculiar forma de expresarse, hasta donde no ha podido hacerlo de ninguna manera la mera prosa no poética. Pues ya diremos después que el lenguaje poético no utiliza solamente la forma de verso, sino también la de la prosa.

Para ilustrar lo que acabamos de decir escojamos una producción *poética* al azar —existen por millares de millares— y tratemos de inquirir acerca de lo que quiso transmitir el autor, en el supuesto caso de que quisiera decir alguna cosa y, en el más hipotético todavía, de que quisiera expresarla con belleza. He aquí, por ejemplo, un fragmento de una producción de Daniel Barroso:[12]

A la final, che, somos eso...

el abasto es un exilio de la suerte apostando a que te mueras
un atravesamiento de gangrenas militantes anestesiando el dolor

un no se qué de almanaques como tetas nos abandona en este paraíso
defectuoso de buenos aires
nos escrupula la sonrisa
nos asila en este baldío donde sólo podemos amanecer como turistas
nos putea esta existencia hambrienta de suicidios

No existen signos ortográficos de puntuación. Cosa lógica hasta cierto punto, puesto que no hacen ninguna falta. Y, como puede apreciarse, la tarea se presenta difícil para quien trate de adivinar lo que quiere transmitir el poeta. Algunos dirán que en realidad no hace falta que diga nada, aunque no aportan razones para explicar cómo algo puede ser *poesía* sin decir *nada*. Si bien es verdad que a veces el silencio (aun

---

[12]Daniel Barroso, poeta argentino nacido en 1954. Debido a su longitud, y al hecho de que basta con un fragmento para hacerse cargo, no vamos a transcribir el *poema* completo.

en forma de alusión) puede convertirse en auténtica poesía, como en los maravillosos versos de Garcilaso,

*Y en el silencio sólo se escuchaba
un susurro de abejas que sonaba*[13]

en realidad no puede confundirse con la nada. Y jamás nadie ha admirado la oratoria de un mudo. Por otra parte, es difícil admitir en esta clase de *poesía* que exista en ella la belleza, aunque expresada a través o por medio de la nada; lo cual es igual a nada —nada es más semejante a la nada que la misma nada—, dígase lo que se quiera. Y en cuanto a dedicarse a leer o a escuchar lo que nada dice, es una forma como otra cualquiera de perder el tiempo.

Como hemos indicado más arriba, el lenguaje poético desempeña una labor transcendental. La cual consiste en intentar expresar, hasta donde sea posible, sentimientos que son de por sí *inefables*, o indecibles para la mera prosa. El mundo de los misterios, en el que invariablemente se desenvuelve el ser humano, es infinitamente más complejo y elevado que el de las cosas explicables. El amor o el dolor, por ejemplo, son absolutamente inexpresables para el lenguaje en todo lo que son y suponen. Y al decir *lenguaje*, nos

---

[13] *Égloga Tercera.*

referimos lo mismo al poético que al simplemente prosaico. Pero, ¿entonces...?

Porque, aunque efectivamente ninguno de los dos consigue cubrir la realidad del misterio, también es verdad que *la poesía es capaz de llegar allí donde no llega la prosa*. Bien entendido que no se trata de que la poesía alcance las profundidades del alma humana, o de lo inexplicable, hasta mostrar las realidades de manera exhaustiva o siquiera satisfactoria; *pero sí que es capaz de evocar, o de inducir al menos sentimientos, que nunca podrían ser puestos de manifiesto por la mera prosa*. Y por supuesto que tales *evocaciones*, las cuales, por otra parte, andan muy lejos de pretender considerarse explicaciones, son algo tan íntimo y subjetivo como que *adoptan formas enteramente diversas para las distintas personas que las perciben*. Todas ellas absolutamente legítimas y verdaderas, con la única condición de que la emotividad de la persona receptora tenga como base de sustentación una sensibilidad sana y normal.

De ahí que pueda afirmarse con toda razón que la poesía —la verdadera poesía— es un *lenguaje vivo*, que habla o evoca por sí mismo, incluso *independientemente y mucho más allá de la voluntad y de las intenciones de su autor*. Tan cierto es esto, que también puede decirse que la verdadera poesía, una vez elaborada, cobra vida propia y se libera de los propósitos de su creador. Y por eso —algo parecido, analógicamente, a lo que sucede con las palabras de la Biblia—, la verdadera poesía *no pasa jamás* y alcanza la inmortalidad: ¿Acaso han perdido actualidad y belleza las obras poéticas de Homero, de Virgilio o de Dante?

En este sentido, el misterio de la poesía, llega a extremos inconcebibles e insospechados. Pues, entre otras cosas, en el estado o situación de autonomía vital que le es propio, parece que *se adhiere más al alma de quien la escucha o lee que a la de su propio autor.* Lo cual explica el hecho de lo que sucede cuando es el propio poeta quien trata de hacer inteligible su obra a otros, mediante razonamientos más o menos detallados: pues indudablemente decepciona, hasta el punto de que casi nunca coincide con los sentimientos que su labor artística es capaz de evocar en los demás. Cosa que puede advertirse fácilmente, por ejemplo, en las prolijas —y a veces farragosas— consideraciones que el mismo San Juan de la Cruz escribió en sus tratados místicos, en los que tanto se esforzó en *explicar* y desmenuzar doctrinalmente su inmortal obra poética. Sin duda que, cuando leemos al Santo *explicar* sus poesías, sentimos el irreductible sentimiento de que *no era precisamente eso* lo que habíamos sentido.

En cuanto al llamado *verso libre*, hay quien afirma que no parece muy diferente de la prosa —es una opinión—, además de que su originalidad parece quedar reducida a su estructura formada por versos irregulares y a la carencia de rima. Pero, como siempre, si la construcción en *verso libre* aspira a ser considerada como una de las formas de la poesía, habrá de expresarse en términos de verdadera belleza. Existen bastantes producciones literarias en prosa rebosantes de verdadera y auténtica poesía, como ocurre, por ejemplo, con la trilogía épica de Tolkien *El Señor de los Anillos*. En cambio todo parece indicar que las obras de *verso libre* realmente merecedoras de ser calificadas de poéticas, son más bien escasas. Y hasta a veces inducen a pensar que el *verso libre* no deja de ser un recurso fácil, liberador de las exigencias del verso rimado, o de las impuestas, como en la poesía griega y latina, por la métrica de la duración de las sílabas.

El *duende* de la poesía va ligado, como es lógico, a los conceptos, y más propiamente al contenido anímico o espiritual que contiene la poesía; y aun con mayor fuerza si cabe, *a las palabras empleadas para expresarlo*. Pues, si bien el concepto es el mismo en todos los idiomas, no ocurre lo mismo con las palabras o el lenguaje en el que se expresan. Debido a lo cual, habiendo sido redactada la obra poética en una lengua determinada y estando estrecha e íntimamente vinculada a las palabras correspondientes, *se convierte en algo intraducible*. O todo lo más, si el traductor conoce bien ambas lenguas y el pensamiento del autor original, amén de tener también alma de poeta, puede llegar a elaborar una obra en todo caso *aceptable*. Existen versiones en lengua francesa o inglesa de la obra poética de San Juan de la Cruz, por ejemplo, que no dejan de producir sentimientos de pena, o de de auténtica decepción por lo menos. En cuanto a los poemas que Tolkien introduce en su trilogía de *El Señor de los Anillos*, por citar otro caso,[14] resulta difícil apreciarlos debidamente en versiones traducidas; mientras que, una vez leídos en su lengua original, es precisamente cuando pueden ser saboreados en todo su valor poético.

Uno de los mayores desastres que la herejía modernista —el compendio de todas las herejías, según San Pío X— ha causado en el Catolicismo ha consistido en la *eliminación de la belleza*.

El Modernismo ha acabado con la belleza de la Escritura —al fin y al cabo el único libro cuyo Autor es el Espíritu Santo—, después de haber negado por activa y por pasiva su veracidad histórica. Y por eso mismo ha terminado también con la belleza de las Palabras de Jesucristo y hasta con la de su misma figura y la sublime grandeza de sus enseñanzas. Igual-

---

[14] Ya hemos dicho más arriba que toda la obra en prosa de Tolkien en esta trilogía bien puede considerarse verdadera poesía.

mente ha destruido la belleza de la Liturgia, mediante la *simplificación* de las ceremonias y la eliminación del esplendor de la Música Sacra sobre todo, que ha sido sustituido por el ruido estridente de la música *pop* y el golpeteo y los tañidos de modernos instrumentos de *percusión*. Acompañado todo ello a veces, a modo de teatro de barrio, de las ridículas contorsiones de *artistas* especializados en profanar el Arte e irritar a Terpsícore, la diosa pagana de la danza. En cuanto a la Misa, como acto más elevado y sublime del Culto Cristiano de cuya grandeza se dijo que es el puente más apropiado que se conoce entre el Cielo y la Tierra, el Modernismo la ha sustituido por otra distinta reconocida como legítima por la Iglesia, pero que no puede dejar de evocar la figura de un esqueleto sin alma.

Dado que la belleza es el transcendental más próximo al amor (la belleza precede intencionalmente al amor), la batalla del Modernismo contra este último está siendo encarnizada. Téngase en cuenta que el Cristianismo eleva el concepto del amor a extremos hasta entonces desconocidos por el Hombre. Ni siquiera el Antiguo Testamento había elaborado hasta su máxima perfección la idea del amor. La cual —la del *amor perfecto*— solamente aparece con Jesucristo.

De dos modos elevó Jesucristo el concepto del amor a un estado de perfección hasta entonces no alcanzado por el ser humano. El primero mediante la Encarnación, desde el momento en que tomó como suya una Naturaleza Humana e hizo posible que el hombre pudiera amar a Dios al *modo humano*, pero divinizado por la Gracia. Dicho de otra forma, el hombre ahora podía sentir verdadero amor por el Hombre Jesucristo al que en su Persona Divina alcanzaba en su Naturaleza Divina y lo reconocía como su Dios. Pues el ser humano puede amar a Dios, pero no *enamorarse* de lo Puramente Invisible o de un Dios que, como Espíritu Puro que es, incluso ni siquiera es imaginable.

El segundo modo, en cuanto que Jesucristo convirtió el amor puramente humano en divino: *amor divino–humano*. En este sentido sus palabras fueron determinantes: *Un mandamiento nuevo os doy: que os améis unos a otros. Como yo os he amado, amaos también unos a otros.*[15] Dos cosas, por lo tanto, a tener en cuenta: el mandato es un mandamiento *nuevo*. La otra consiste en que los discípulos deben amarse unos a otros *como yo os he amado*, lo que equivale a decir que deben amarse *de la misma forma y con el mismo sentimiento con que Él lo ha hecho con ellos*. La conclusión, por lo tanto, es clara y obvia: ahora resulta que el amor meramente humano se ha convertido también en *divino*.

---

[15]Jn 13:34.

No debe olvidarse que el Amor se identifica con Dios, según afirma San Juan (1 Jn 4:8), y siendo Dios también la Belleza infinita, es imposible negar la vinculación entre los tres: Dios, el amor y la belleza. En este sentido vale decir que la belleza acerca a Dios y que, después de todo, el amor acaba siendo la entidad más bella que Dios ha colocado en su Creación.

Esto establecido, y habida cuenta que el amor es el sentimiento más próximo a la belleza y que, gracias a Jesucristo, de ser puramente humano se ha convertido en *divino–humano*, es por lo que es ahora el objetivo más próximo a ser destruido por el Modernismo. El cual se ha esforzado en sustituir la belleza y la majestad del amor por su contrario, a saber: la horrenda fealdad del *odio*, difundido esta vez a través de las ideologías marxistas de la *Teología de la Liberación*.

Puesto que en la Naturaleza no cabe el vacío, era absolutamente imprescindible que la belleza fuera sustituida por la *fealdad*. Luzbel era el Ángel más luminoso del Cielo, y por su rebelde soberbia se convirtió en una Entidad cuya horrorosa fealdad ni puede ser imaginada por ningún ser humano en este mundo (la gravedad del pecado mortal es un abismo de maldad cuya profundidad ni siquiera en el Infierno llegará a ser comprendida por la criatura). Desde entonces vive consumido en su rabia, y de ahí la razón de la suprema fealdad del odio (igual daría llamarla horror), en cuanto que a la malicia propia de su naturaleza une el espantoso ridículo del mayor de los fracasos: *El Odio no es más que el rencor de la Soberbia fracasada*. El ser creado necesita difundir algo: si no puede difundir amor, esparce el odio. En este sentido, la *Teología de la Liberación* no es sino la expresión de un amor que quiso ser el Amor por sí mismo y no logró otra cosa que convertirse en la suma del rencor. La Luz esplendorosa de la mayor belleza creada se convirtió en la oscuridad abismal e inimaginable de la mayor fealdad de la Creación.

Teniendo en cuenta su origen, no es de extrañar que el Modernismo haya procurado acabar con todo lo que el Catolicismo ha tenido de suprema belleza. Por eso ha atacado también singularmente al lenguaje.

El lenguaje es un don sublime concedido por Dios al hombre cuyo papel llena dos finalidades: la de ser vehículo de comunicación entre los hombres (y puesto que el hombre fue creado para amar, en este sentido el lenguaje es instrumento necesario de comunicación del amor), y la de ser instrumento de la Poesía como medio de expresar y comunicar la belleza mediante la palabra.

El lenguaje es el imprescindible instrumento utilizado por la Poesía para expresar y transmitir la belleza mediante la palabra. De ahí el cuidado que puso la Iglesia, a través de los siglos, para cuidarlo con esmero y expresarlo en toda su grandeza, tanto a través de la Liturgia como de las formas expresivas del Magisterio. La secular gravedad, la misteriosa profundidad emanada en las formas de explicar el misterio revelado, la grandeza de las expresiones de las ceremonias litúrgicas y el espartano y medido modo de decir del Magisterio, no son sino la expresión de la *sublime belleza del Lenguaje de la Iglesia*.

En este contexto era necesario acabar con el uso de la *grandiosa, universal y bella lengua latina*. La introducción de las lenguas vernáculas ha significado la sustitución de la elegancia de un lenguaje artístico, prodigio de estructuración mental y uso inteligente de los vocablos, maravilla aún no lograda por otro lenguaje humano, por lenguas auto denominadas *vulgares* y que, tal como sucedió en Babel, consiguieron fraccionar la unidad lingüística de la Iglesia y con ella el sentimiento universal, extendido entre los fieles, de formar un Cuerpo único. Ahora habla la Iglesia con lenguaje de aldea limitado a cada uno de los innumerables villorrios que la pueblan: *Divide y vencerás*.

Por la misma razón ha introducido el Modernismo en el Catolicismo actual como cosa habitual la vulgaridad y el desaliño propios del lenguaje soez y chabacano. En el lenguaje del Magisterio por supuesto, e incluso en Documentos oficiales; pero sobre todo y principalmente en la Predicación y en los modos normales de comunicación de la mayor parte de la Jerarquía (lenguaje que algunos en ocasiones tratan de elevar a la categoría de Magisterio Ordinario). Nada tiene de extraño si se considera que una doctrina que camina *a ras de tierra*, desprovista de los elementos sobrenaturales que le hubieran correspondido como propios, no puede expresarse sino por medio de la ordinariez utilizada por el habla soez y chocarrera (decía el adagio que *la corrupción de lo mejor es lo peor*). Cicerón en la Antigüedad y San Juan Crisóstomo en el siglo IV hablarían ahora el lenguaje del tabernero.

Uno de los mayores monumentos erigidos por el Modernismo a la *fealdad*, y con ella al *ridículo* dentro de la Iglesia, es el que ofrece la imagen de sacerdotes bailando dentro de la Misa con los ornamentos sagrados o en ocasiones fuera de ella. A la que hay que unir las de frailes y monjas danzarines bailando con sus hábitos, también acompañados a veces por sacerdotes con los sagrados ornamentos. Si bien es de reconocer que a todas supera con creces, desde el punto de vista del ridículo, la de los Obispos con sus distintivos bailando a coro en las playas de Copacabana y dirigidos por un homosexual.

Puestos a buscar buenas intenciones, como exigiría la caridad cristiana, resulta difícil adivinar qué es exactamente lo que se proponen tales adoradores de la danza. La hipótesis de que pretenden una acción pastoral de *testimonio*, como ahora se dice (nadie ha explicado todavía a lo que se refiere ese vocablo tan divulgado en las Cancillerías), resulta difícil de admitir, salvo que se presuma que el resto de los fieles son unos imbéciles. Por otra parte, lo de *pensar bien*, tal como exige el Manuel de Caridad Cristiana para uso de ingenuos, no resulta compatible con el mandato de Jesucristo de ser sencillos como palomas pero astutos como serpientes.

Resulta más fácil de admitir la explicación de que tales danzantes de turno (¿alguien recuerda a las bacantes del dios Baco?) están sencillamente aquejados de un penoso complejo de inferioridad motivado a su vez por una falta de fe *de camello*, que es como lo expresaría el lenguaje de la juventud actual y el clero de avanzada.

Al tratar el Modernismo de eliminar del Catolicismo toda traza de elementos sobrenaturales, ha hecho descender al hombre al nivel terreno de lo puramente animal. Así es como lo ha privado de toda posibilidad de adentrarse en el mundo de los ensoñaciones y de las ilusiones, de esperar en lo elevado y lo desconocido Aquello que lo sobrepasa y de aventurarse en el intrincado mundo de los misterios del amor: única cosa para la que fue creado. Ahora es ya un ser sin esperanza, desprovisto de la capacidad de soñar.

San Francisco de Asís es un personaje emblemático que, a lo largo de toda la Historia del Cristianismo, supo conjuntar como nadie lo ha hecho la dureza del terrible Misterio de la Cruz con la poesía y la belleza que se desprenden de las criaturas. Su *Cántico al Hermano Sol* y su *Cántico a las Criaturas* lo consagran como un poeta y un juglar a lo divino que supo captar la Suprema Belleza, que él veía reflejada en la belleza creada de las cosas que lo rodeaban. La grandeza y la belleza de la figura del *Poverello* se derivan, en último término, de que era también el sublime enamorado de la belleza de las cosas que lo conducían hasta la Belleza del Creador de todas ellas.

Por eso el Modernismo se apresuró a reducirlo a la categoría de *personaje ecológico*.

Pero jamás lo sublime había sido tan vilmente rebajado a la condición de lo vulgar. Y nunca la excelsa belleza de la santidad se había visto convertida en la ordinariez de una labor cuyo horizonte no es otro que el de cuidar del ambiente.

En la pequeña ermita de la Porciúncula, estando todavía en ruinas, San Francisco oyó un día cantar coros de ángeles y una voz que le mandaba levantar la iglesia (o la Iglesia, según ha entendido siempre la Tradición). Ahora el minúsculo templo se ha convertido en la Basílica de Santa María de los Ángeles y en ella, después de tantos siglos, se han visto entronados sobre su altar la imagen de Buda junto a la de otros ídolos.

Pero esta metamorfosis introducida a través del tiempo *es algo más que un mero símbolo expresivo de un cambio de situaciones*. Cuando los cantos de ángeles son sustituidos por cultos e himnos a los ídolos, algo tremendamente grave ha sucedido en la Iglesia. El *Serafín de Asís* había sido el Santo del sublime canto a la Pobreza y a la Poesía que entona la belleza de la Creación.Y también, en la luminosidad de su amor divino–humano, a la posibilidad del hombre de dialogar con el hermano fuego o con el feroz Lobo de Gubia, reducidos ambos a la mansedumbre por la fuerza y la belleza del amor.

Indudablemente el Modernismo ha conseguido su gran victoria: reducir la inigualable belleza de la Iglesia de Jesucristo a la condición de una Institución que se ha *abajado a la condición del Mundo*. Lo Santo ha dado paso a la mediocridad, lo sublime a lo vulgar, y en último término y en definitiva, lo que era hermoso de ver a aquello que, contemplado de cerca, alguien elige pasar rápido y no mirar.

CONCLUSIÓN

Según dice el autor, y en aplicación de lo dicho en esta introducción, las estrofas recogidas en este librito de ningún modo pretenden ostentar el rango de *poesías*. Aunque no se trata tanto de manifestar un gesto de modestia cuanto de afirmar estrictamente la verdad, como podrá apreciar enseguida cualquier lector que se avenga a leerlas, en su totalidad o en parte. Su belleza —en el caso de que se les reconozca alguna— se fundamentaría exclusivamente en la sinceridad y el amor con que han sido escritas, y en ninguna otra cosa. Si bien es de reconocer que también las virtudes —la sinceridad, en este caso— poseen un aura de belleza que, en último término, es lo único que podría justificarlas. Estas estrofas no son para el autor sino la confesión de un cristiano anciano, cuya vida ha transcurrido animada por un ansia nunca satisfecha de amor de Dios, convertida en práctica mediante una búsqueda y un deseo apasionados de seguir a Jesucristo..., los cuales, por otra parte, jamás han pasado de ser un intento que no ha logrado su fin.

De ahí que, para el autor, su vida haya sido un fracaso en cierto modo al menos, puesto que ha transcurrido por cauces que anduvieron siempre muy lejos de lo que Dios habría podido esperar. Y lo confiesa sin empacho alguno, aunque, no sin añadir a continuación, que mantuvo siempre encendida la llama de la esperanza, puesto que nunca llegó a los extremos del desaliento ni dejó de confiar en Dios. Afirma estar convencido de que creer en la sabiduría divina, frente a la tremenda y triste realidad de la humana, es el equivalente al *esperar contra toda esperanza* del Apóstol.[16] Y por eso la sabiduría y la bondad divinas significan para él lo que hace posible que, al final de una larga vida en la que tampoco han faltado las infidelidades con respecto a Dios, todavía se pueda seguir confiando *firmemente* en la Persona de Jesucristo.

El autor comienza por eso la última de las estrofas aquí contenidas aludiendo al final de su existencia:

...Y dando la labor por acabada

Algunos interpretarán, no sin cierta razón, que más bien se refiere a la labor contenida en este librito. Ya hemos cuidado de explicar en la introducción que la poesía se presta a la interpretación personal

---

[16] Ro 4:18.

de cada uno, en la que quizá es la del propio autor la que menos cuenta. Y, por otra parte, esta segunda interpretación también parece más acorde con el verso segundo:

aun ni siquiera en ciernes comenzada

La labor ha de darse por acabada aunque la meta a conseguir —la cima por conquistar— solamente pueda divisarse tan lejana que prácticamente se pierde en un horizonte incierto. En este sentido, cualquier esfuerzo artístico ha de terminar siempre en intento inútil. Dado que aquello a lo que aspira el artista es la belleza —en realidad la Belleza infinita, lo sepa o no, lo confiese o lo niegue—, no puede hacer otra cosa que *intentar* acercarse a ella, en la seguridad de que siempre quedará demasiado lejos. E incluso cuanto más se aproxime a ella, más lejana e imposible de alcanzar le tiene que parecer, sin haber siquiera empezado el camino. Y de ahí que bien pueda decirse que una vida consagrada a la búsqueda de la belleza sería siempre un fracaso..., de no ser porque Dios —Belleza Infinita, pero también Bondad Infinita— conoce a su criatura, se compadece de ella y se queda muy conforme con lo único que ésta es capaz de hacer, cuales son los intentos de buena voluntad: *Porque fuiste fiel en lo poco, yo te constituiré sobre lo mucho*. Dios es capaz de elaborar verdaderas obras de arte valiéndose del material de las derrotas y debilidades humanas: *Dios escogió la necedad del mundo para confundir a los sabios, y la flaqueza del mundo para confundir a los fuertes*.[17] El hombre empezará la tarea, aunque con la seguridad de que sólo Dios la puede conducir hasta el final.

Y por eso dice a continuación:

el bardo enmudeció con gran tristeza:
¿Quién osará cantar a la belleza?

Pues ésa es la única causa que *podría* dar lugar a la tristeza: *¿Quién osará cantar a la belleza...?* Lo cual es absolutamente cierto. Sin embargo también es verdad que, para el discípulo de Jesucristo, ni siquiera tal impotencia puede ser la ocasión para rendirse a la amargura. Es verdad, efectivamente, que ahora es imposible para nosotros llegar a la percepción de la Belleza y de la Bondad; pero sólo *por ahora*. Pues, una vez más, la esperanza nos conduce al verdadero camino: *Porque ahora vemos como en un espejo y borrosamente; entonces veremos cara a cara. Ahora conozco de*

---

[17] 1 Cor 1:27.

modo imperfecto, entonces conoceré como soy conocido.[18] Donde una vez más queda patente lo que siempre hemos dicho, a saber: que la poesía, aun la más perfecta, siempre se queda al comienzo de la ruta a seguir, sin llegar nunca al final.

Y fuese al fin, en marcha apresurada

¿Y acaso podría hacer otra cosa el discípulo de Jesucristo, una vez oído el silbo del Pastor, después de una larga vida y penosa búsqueda, que emprender la marcha hacia Él, rápida y apresuradamente? Como decía el Apóstol: *Tempus meæ resolutionis instat... cursum consummavi...*[19] Y así es como lo hace efectivamente el autor, dejando atrás su péñola, por lo demás completamente olvidada:

dejando atrás su péñola olvidada.

Olvidada en efecto, pero no inadvertidamente. Lo que sucede es que ahora ya no tiene sentido utilizarla. Pues ha pasado el tiempo de unos trabajos para los que, en definitiva, va a importar mucho más el amor vertido en ellos que los resultados obtenidos.

---

[18] 1 Cor 13:12.
[19] 2 Tim 4: 6–7.

La péñola no se abandona por inútil. Ha desempeñado una función tan importante como decisiva, sin la que no hubiera sido posible llegar hasta la meta; pero ahora, cuando ya está *acabada la labor,* puede quedar definitivamente atrás. Tal como puede apreciarse en la estrofa de San Juan de la Cruz:

> *Quedéme y olvidéme,*
> *el rostro recliné sobre el Amado,*
> *cesó todo y dejéme,*
> *dejando mi cuidado*
> *entre las azucenas olvidado.*

El Santo no dejaba sus *cuidados* tras él como un fardo inútil que ya no sirviera para nada. Simplemente se trata de lo que siempre pasa cuando se llega al final de una larga y escabrosa ruta. Que una vez alcanzada la meta, todas las vicisitudes ocurridas hasta ese momento, a saber: los sufrimientos, las alegrías, los trabajos, las fatigas y los momentos de alivio, quedan ya definitivamente atrás y para siempre. Cuando ya sólo queda el recuerdo del tiempo que se hubo perdido por no haber amado, pero que ahora, después de todo, ya no tendría sentido recordarlo: *Lo viejo pasó, he aquí que ahora todo se ha hecho nuevo,* decía San Pablo en la Segunda Carta a los Corintios.[20]

---

[20] 2 Cor 5:17.

O en todo caso, el sabor de una labor que, lejos de haber sido terminada, apenas si había siquiera comenzado. Porque así es lo finito comparado con el Infinito. Y así es como la belleza creada solamente llega a ser un vestigio de la Belleza Infinita por el poder de la que es también la Bondad Infinita, como el único modo además de que, tanto la una como la otra, puedan ser conocidas:

Y dando la labor por acabada
aun ni siquiera en ciernes comenzada,
el bardo enmudeció con gran tristeza:
¿Quién osará cantar a la Belleza...?
Y fuese al fin, en marcha apresurada,
dejando atrás su péñola olvidada.

Cantos del Final del Camino

1. *Si vas hacia el otero,*
deja que te acompañe, peregrino,
a ver si el que yo quiero
nos da a beber su vino
en acabando juntos el camino.

2. *Y aunque seguimos juntos el sendero*
deja que me adelante yo el primero
allí donde se acaba la vereda
y el duro trajinar atrás se queda.

3. *Las gotas del rocío*
prendidas en las flores del collado,
al ver el llanto mío
por causa del Amado,
de envidia suspiraron a mi lado.

4. *En noches silenciosas*
del sueño de los niños veladoras,
tras aves rondadoras
al aire de las brisas rumorosas
en auras luminosas;
por pasos escondidos
de bosques olvidados
de rosas y de lirios florecidos...,
allí busqué al Amado
y a todos fui con ansias preguntando,
y todos me han contado
que estábame aguardando
y en suspiros de amores sollozando.

5. *Al ruiseñor herido*
pedí que su lamento me dijera,
mas él me ha respondido
que yo mejor hiciera
en continuar llorando a mi manera.

6. *Siguiendo a los pastores*
busqué donde el Amado me esperaba
oculto en los alcores.
Y al tiempo que me hablaba
el susurro del viento se escuchaba.

7. *Subí hasta las estrellas*
en busca de vestigios de tus huellas,
por si encontraba alguna
caminando hacia el Sol, desde la Luna.

8. *Busqué en vano al Amado*
en el silencio de la noche oscura,
mas sin haberle hallado
su ausencia me procura
una llaga de amor que no se cura.

9. *De tu vergel un ave*
por tu ausencia cantaba en desconsuelo;
y oyó tu voz suave
y, alzándose del suelo,
a buscarte emprendió veloz su vuelo.

10. *Cruzado ya el arroyo por el vado,*
sentado aguardo bajo umbrosa encina
con ardorosas ansias, por si Amado
encontrarse conmigo determina,
y ver si su noticia que me han dado
de vesperal la hiciera matutina.
Y mientras que yo espero, por los cejos,
vuela baja una banda de vencejos.

11. *A la rosada aurora*
salí a buscar, con paso apresurado,
a Aquél que me enamora.
Y habiéndole encontrado en buena hora,
a fuer de enamorado,
morir quise de amor junto a mi Amado.

12. *Acude y caminemos,*
y juntos cruzaremos por el vado,
y juntos buscaremos
las huellas del Amado,
y juntos llegaremos a su lado.

13. *Amada, si quisieras*
que en las frescas mañanas te buscara
en tu huerto de acacias y palmeras
hasta que te encontrara
y en besos de tu boca me cobrara...

14. *Los dulces ruiseñores*
que cantan en los chopos del otero,
al verme que de amores
por causa tuya muero
volaron a decirte lo que quiero.

15. *Amado, subiremos*
al monte de la ruda y del comino,
y luego que lleguemos
al cabo del camino,
alegres beberemos de tu vino.

El Sauce Llorón

16. *La dulce filomena*
llamando está a su amor desde la rama
del verde sauce en el umbroso vado.
Y el árbol siente pena
por el ave que no encuentra a su amado
y que, en su angustia, clama,
sintiendo que agoniza en dulce llama.
Y, desde aquella hora,
siempre que la oye el sauce, también llora.

Mientras Que Yo Mi Pena Voy Cantando

17. *El sol, que ya se asoma,*
con rosados colores va bajando
del monte por la loma
el valle despertando,
mientras que yo mi pena voy cantando.

18. *El canto de las aves,*
el carro de la Aurora en asomando,
con mil trinos suaves
el valle va llenando,
mientras que yo mi pena voy cantando.

19. *Por las altas laderas*
de los montes, formando torrenteras,
el río va bajando
al rumor de sus aguas resonando;
mas, viendo que a su canto,
nadie responde, entristecido tanto,
en curso más sinuoso,
más cansado, más triste y perezoso,
el mar sigue buscando
mientras que yo mi pena voy cantando.

El Río

20. *Desde las altas cimas*
de elevadas montañas y hondas simas
va el río descendiendo,
en rumorosos saltos repitiendo
la canción de sus aguas cristalinas
en paso más ligero, entre colinas,
pues siente de la tierra la presura
de llegar con presteza a la llanura.
Mas, viendo que a su canto
nadie responde, entristecido tanto,
en curso más sinuoso,
más cansado, más triste y perezoso,
el mar sigue buscando.
Y mientras va bajando,
para que el trigo en primavera espigue,
sus aguas va dejando,
y el río sigue y sigue
a ver si unirse con el mar consigue.

Elegía Por La Ausencia Del Amado

21. *¿Adónde vas, pastora,*
buscando por el valle y el collado?

Tras el que me enamora;
en la majada abandoné el ganado,
y ansiosa corro ahora
en búsqueda impaciente del Amado,
a ver, si por ventura,
el dolor por su ausencia al fin se cura.

22. *De noche se marchó el Amado mío,*
como se oculta el sol tras el collado,
cual se pierde en el mar el ancho río
y en los espesos bosques el venado.

23. *De noche se marchó hacia la montaña,*
de noche se perdió por el sendero,
de noche me dejó por tierra extraña,
de noche me encontré sin compañero.

24. *El día ya se aleja,*
dulce jilguero de color trigueño,
y así otra vez nos deja,
como en amargo sueño,
a ti sin libertad, y a mí sin dueño.

25. *Al ruiseñor herido*
rogué que su lamento me dijera,
mas luego le he pedido
que no me respondiera,
para seguir llorando a mi manera.

26.   *En vacilante vuelo y derrotero,*
busca un ave, de amores malherida,
al que fue de su vida el compañero,
mas viendo su esperanza ya perdida,
muerta quedó tendida en el sendero.

27.   *¡Si al recorrer el valle yo pudiera*
en el bosque de abetos encontrarte,
hasta que al fin de nuevo al contemplarte
muerte de amor contigo compartiera...!

28.   *Ya el gélido invierno su ciclo fenece,*
y la primavera sus flores ofrece,
ya el bosque se llena de trinos y aromas
y vuela la alondra del valle a las lomas.

En pos de tus huellas fui por el sendero
que del hondo valle sube hasta el otero,
sufriendo de angustias porque al fin te fuiste
y a mis tristes quejas no me respondiste.

Y en las suaves tardes de la primavera,
como si a tu lado de nuevo estuviera,
al pie del alerce y a su tibia sombra,
el lamento escucho de la triste alondra.

29. *Te busqué, mas no te hallé,*
te llamé, mas no te oí,
y cuando, al fin, te encontré,
por tu amor desfallecí.

En la oscuridad he vivido
de nostalgia alimentado,
y tan de amores herido
que muero pues no te he hallado.

¿Oíste al fin mis gemidos...?
¿Por fin mi triste lamento,
llevado en alas del viento,
ha llegado a tus oídos...?

30. *Las luces de la aurora,*
las voces de pastoras y zagales,
la tórtola que canta
entre los robledales,
y el beso de la brisa a los trigales.

31. *Los rayos que la aurora derramaba*
la vida al verde valle devolvían,
mientras que en las cañadas se escuchaba
el melodioso son, que al par hacían,
rabeles y guitarras
y el áspero runrún de las cigarras.

32. *Sus ojos en los míos se posaron*
antes de que la aurora despertara,
y de amor tan herido me dejaron
que, si acaso de mí los apartara,
mi vida en muerte pronto se trocara.

33. *Sus ojos me miraron*
antes que el claro sol apareciera,
y herido me dejaron
de amor, en tal manera,
que sin verlos de nuevo pereciera.

34. *Me requirió el Amado*
para que de las cosas me olvidara,
y estando ya a su lado,
a solas lo mirara
hasta que el sol la Tierra iluminara.

35. *Bajando por la vega,*
en las mañanas tibias y serenas,
el dulce aroma llega
de lirios y azucenas
y el son de una canción que se oye apenas.

36. *Cuando el alba suave aún no es mañana*
y en el valle florido, entre los tejos,
exhala sus fragancias la manzana
y se arrulla la tórtola a lo lejos,
Tú clamas por tu esposa, por tu hermana,
con eco antiguo de cantares viejos.
Y el viento hace una pausa en sus gemidos
trayendo tu reclamo a mis oídos.

37. *Las horas consumiendo*
la noche en pos del día se encamina,
y el Carro descendiendo
en lentitud declina
hasta hundirse detrás de la colina.

38. *La suave brisa, desde la montaña,*
sopla sobre los campos de amapolas
hasta llegar al mar, donde se baña
y se torna rumor de caracolas
que evocan vientos y olvidadas olas.

39. *En la temprana aurora*
llamó la esposa a Aquél que la enamora,
buscando en el sendero
que va desde los valles al otero.
Y, habiéndole encontrado
del río en la ribera, junto al vado,
cantar quiso de amores
en aquel dulce soto, entre las flores.
Y el Amado, entendiendo
que ella en dolor de amor iba muriendo,
lleno también de fuego,
en llegando a la esposa entraron luego,
con paso presuroso,
en un alegre valle nemoroso.
Y, entre las zarzamoras,
deshilvanando el día en dulces horas,
allí hablaron de amores
hasta que el sol se hundió tras los alcores.

40. *En el silencio alado*
de la noche serena, las estrellas
quejáronse al Amado,
que quiso hacerlas bellas
pero nunca de amor morir por ellas.

41. *Vino hasta mí el Amado*
antes que el sol naciera por el teso,
y, habiéndome mirado,
sentí en sus ojos eso
que sólo amor lo cura con un beso.

42. *Y al fin mis penas en el mar murieron*
allí donde se unieron nuestras vidas,
junto a las suaves ondas que nacieron
de las azules aguas removidas.

43. *A las nevadas cimas*
de las blancas montañas subiremos
cruzando valles y salvando simas.
Y cuando al fin lleguemos,
los cantos del amor entonaremos.

44. *Los mares sosegados*
en ondas azuladas y serenas,
los ecos apagados
de cantos de sirenas
y un susurro de amor que se oye apenas.

45. *Amado, he recorrido*
de tu huerto de azahares el sendero,
y luego, me he escondido
detrás del limonero
para poder besarte yo primero.

46. *Amada, yo he buscado*
de mi huerto de azahares el sendero,
y luego, te he esperado
detrás del limonero
a ver si te encontraba yo primero.

47. *Amado, yo quisiera*
al aire del jardín gustar tu cena,
pues es la primavera
y el monte ya se llena
de romero, tomillo y hierbabuena.

48.   *Juntemos nuestras manos*
	y vámonos a ver los verdes prados,
	los huertos de manzanos,
	los bosques de granados,
	las riberas de chopos plateados.

49.   *Mi Amado, subiremos*
	al monte del tomillo y de la jara,
	y luego beberemos
	los dos, en la alfaguara,
	el agua rumorosa, fresca y clara.

50. *Amada, ya amanece*
y Aurora al día entre sus brazos mece.

Ya las aguas del lago
le van robando al cielo sus azules,
mientras que yo te hago
bajo los abedules
una alfombra de rosas y de tules.

51. *Vayamos a las faldas*
del monte florecido de arrayanes,
y hagamos dos guirnaldas
con rosas de azafranes
y pétalos de azules tulipanes.

52. *Si de nuevo me vieres*
allá en el valle, donde canta el mirlo,
no digas que me quieres,
no muera yo al oírlo
si acaso tú volvieras a decirlo.

53. *Son tus dichos de amores*
como una tela de suaves hilos
en un lecho de flores.
Ven a mi lado, y dilos
en mi jardín de rosas y de tilos.

54. *Allí me habló de amores*
hasta que Apolo, su jornada plena,
se hundió tras los alcores.
Y allí murió mi pena
mientras cantaba lejos filomena.

55. *Allí, junto al Amado*
mientras soplaba el cierzo en el ejido,
a fuer de enamorado
me susurró al oído
que también por mi amor estaba herido.

56. *Soñé en mis duermevelas*
que de amor me entregabas tú las arras,
y al paso de gacelas
se oyeron las cigarras
y el ronco recital de las guitarras.

57. *Allá en los verdes prados*
nuestros dos corazones emprendieron
un ardoroso duelo, entrelazados,
y en dos dardos de fuego blanco hicieron
y en abrazo de amor se consumieron.

58. *Vayamos a los prados,*
y al suave atardecer esperaremos
y luego, de granados
el néctar beberemos
y el susurro del viento escucharemos.

59. *Acércate a mi lado*
mientras el cierzo sopla en el ejido,
y deja ya el ganado,
y cuéntame al oído
si acaso por mi amor estás herido.

60. *Acércate a mi lado*
donde te aguardo por tu amor herido,
subamos al collado,
y hagámonos un nido
de lirios y de rosas florecido.

61. *Me requirió el Amado*
para que de las cosas me olvidara,
y junto a su costado,
su herida contemplara
y de amor sus sollozos escuchara.

62. *Con ansias de saber si me querías*
mis ojos a los tuyos se volvieron,
mas viendo en su fulgor lo que sentías,
los míos por tu amor desfallecieron.

63. *Y cuando el cierzo suave*
susurra en mis oídos tus amores,
entonces, como el ave
que enamorada canta en los alcores,
me voy por el sendero
diciendo a todos que en tu ausencia muero.

64. *Cuando el Amado hablaba*
que herido fue de amor por cinco dardos,
de lejos nos llegaba
el canto de unos bardos
y un aroma de lirios y de nardos.

65. *Ni el suave titilar de las estrellas*
ni las cumbres de nieves adornadas,
ni virginales rostros de doncellas
ni la aurora en sus luces sonrosadas...
vencieron en belleza a tu mirada
por la luz del amor iluminada.

66. *Y siendo ya las horas consumadas,*
de ti mis pensamientos fueron dueños,
hasta que por veredas olvidadas,
caminando entre zarzas y beleños,
diste luz a la noche de mis sueños.

67. *Mi Amado, las estrellas,*
el mar que besan proas de mil naves,
los ojos de doncellas,
el canto de las aves,
aquello que te dije y que tú sabes.

68. *Yo tu vida viviera*
si tú me la entregaras por entero,
y la mía te diera
si, en trueque verdadero,
quisieras cambiarlas, cual yo quiero.

69. *Mi vida ya es tu vida*
y la tuya es para siempre ya la mía,
mi vida es la comida
que yo a ti te servía
cuando tu amor me diste en aquel día.

70. *El sol que se asomaba*
despertando a las flores con un beso,
al ver que te escuchaba
colmado de embeleso,
decidió demorarse más por eso.

71. *Y subiré gozosa*
a la escarpada roca y escondida,
allí donde orgullosa
el águila se anida
y allí donde ya todo nos olvida.

72. *Amado, en las brumosas*
laderas de montañas escarpadas,
con cuevas de raposas
y cimas plateadas
en silencio de nieves olvidadas...

Allí nos estaremos
y los cantos de amor entonaremos.

73. *Si huyera de tu lado*
búscame tú de nuevo, compañero,
y luego de encontrado
retórname al sendero,
allí donde me hallaste tú primero.

74. *Es la voz de la amada*
como un arrullo dulce de paloma,
como un alba rosada
que mil colores toma
cuando el sol por los montes ya se asoma.

75. *Es la voz del Esposo*
como la huidiza estela de una nave,
como aire rumoroso,
como susurro suave,
como el vuelo nocturno de algún ave.

76. *Es tierno tu mirar, luz de la aurora,*
que al mismo sol seduce y enamora.
Tu llanto es un rocío matutino
que induce a la embriaguez de un dulce vino.
Y al descansar tus ojos en los míos
mis lágrimas semejan anchos ríos,
pues tu suave mirar, tan hondo hiere,
que aquél en quien se posa de amor muere.

El Sacerdocio

77. *Hablarlo sin vivirlo es triste cosa,*
vivirlo sin hablarlo es lo sublime;
tú que velas mis sueños, ven y dime
cómo alcanzar esa existencia hermosa.

78. *Al bosque del otero*
la calurosa siesta lo ha dormido
en un sopor ligero,
tan sólo interrumpido
por un volar de alondras que se han ido.

79. *...Y ya sin esperar alzó su vuelo*
en busca del Amado tan querido,
dejando para siempre el blando nido
sin pena, sin dolor, sin desconsuelo.

80. *Me pediste te hablara de las cosas*
las cuatro para mí las más hermosas.
Pues bien, hélas aquí, mi bien amada,
en escala ascendente elaborada:

El silencio del bosque en el estío,
el suave borbotar del manso río,
las matinales gotas del rocío...

¿La más bella de todas, mi adorada...?
Tu mirada, de amores traspasada.

81. *Ven por fin a mi lado, bienamada,*
mi esposa, mi perfecta, mi paloma,
pues ya la noche corre apresurada
y el sol por el otero ya se asoma.

82. *Allí el naranjo de nevadas rosas*
de aromas cubre el huerto en primavera,
se adorna el prado en plantas olorosas
y asoman tiernos brotes en la higuera,
mientras un mirlo hilando está su nido
sobre un nogal apenas florecido.
Y sentado a su sombra yo aguardaba
por si el Esposo amado al fin llegaba.

83. *Déjame que te siga, compañero,*
mi dulce amigo, Esposo bienamado,
para que andemos juntos el sendero
que va desde los valles al collado.

84. *Y luego en soledad nos quedaremos*
del mundo de los hombres olvidados,
y del cielo el azul contemplaremos
del aura de los montes rodeados.

85. *Pues ya la Noche el manto ha abandonado,*
y al alba sigue la rosada aurora,
ansioso corro hasta el florido prado
en impaciente busca del Amado,
después de que sonó la dulce hora
en que el tiempo de amar es ya llegado.

86. *Ansioso, fui a buscarte*
por las holladas sendas del destino,
hasta, por fin, hallarte,
cansado y peregrino,
allí donde se acaba ya el camino.

87. *Ya el ardor del estío pasa y huye*
cuando el marchito otoño se avecina,
ya mi agostada vida se diluye
y a tu amoroso encuentro se encamina.

88. *Al sol precede la rosada aurora*
y al crudo invierno el ardoroso estío,
y al dulce rostro del amor que ansío
un fuego que consume y que devora.

89. *En la rosada aurora*
salí a buscar, del bosque en la espesura,
a Aquél que me enamora,
que me azara en rubor por su hermosura
y que corra a su encuentro me apresura.

90. *Si vivir es amar y ser amado,*
sólo anhelo vivir enamorado;
si la muerte es de amor ardiente fuego
que abrasa el corazón, muera yo luego.

91. *Llegué a una encrucijada del camino*
sin saber de mi vida su destino,
y al caer de la noche el negro velo
perdido me encontré y en desconsuelo.
Mas cuando al cabo apareció la Luna
ya no hubo oscuridad ni sombra alguna.

92. *¡Oh amarga senda, dura y empinada,*
larga y abrupta, de aridez rocosa,
que convirtió mi vida en azarosa
búsqueda ansiosa de alma enamorada...!

93. *El susurrar del bosque se escuchaba,*
y a lo lejos la tórtola arrullaba,
cuando tus dulces ojos me miraron
y en lágrimas los míos se bañaron.
Te hablé de mi pobreza, apresurado,
aún más que pesaroso, avergonzado.
Mas me pediste abandonar los llantos
y entonar del amor los dulces cantos.
Y así en tus manos fueron mis pecados,
perdidos, perdonados y olvidados.

94. *Y una vez su carrera terminada,*
muriendo ya la noche, a la alborada,
fugaz el firmamento ha recorrido
un enjambre de estrellas sin ruido.

95. *En lágrimas bañado*
llora mi corazón, de amor herido,
en penas angustiado
del tiempo que ya es ido
y por no haber amado se ha perdido.

96. *¿Cuál de tus ansias es la más soñada?,*
me preguntaste ayer por el sendero.
Y yo, en susurros, dije enamorada:
morir de amor por ti es lo que yo quiero.

97. *Y, cuando al comenzar la primavera,*
del monte en la ladera,
los almendros en brotes florecidos
en tonos blancos y tornasolados
o en tiernos y ligeros sonrosados,
allí mi corazón sangraba herido
por haber Tú a mi amor correspondido
mientras que yo tu rostro contemplaba...
Hasta que enamorado, al fin, me despertaba
en torrentes de lágrimas bañado,
de un dulce sueño apenas comenzado.

98. *Me pediste te hablara de las cosas*
las cuatro para mí las más hermosas.
Pues bien, hélas aquí, mi bien amado,
en un ritmo ascendente elaborado.

El silencio del bosque en el estío,
el suave borbotar del manso río,
las matinales gotas del rocío...

¿La más bella de todas, mi adorado...?
El timbre de tu voz de enamorado.

99. *Fue la rosa a decirle al clavel:*
Yo te amo, con todo mi ser.

Fue el clavel a decirle a la rosa:
A tu amor aún le falta una cosa,
y por eso yo ahora le incluyo
el mío en uno solo con el tuyo.

Y a una voz cantaron, juntas ambas flores:
Ahora son ya uno nuestros dos amores.

Por eso se escucha en las noches serenas
de mares perdidos, voces de sirenas:

El alma es la esposa, Jesús el Amado,
atados entrambos en un solo lazo.
Y andado el camino, y el tiempo llegado,
viven para siempre en el eterno abrazo.

A Un Jilguerillo Hallado Muerto

100. *Sobre el abeto un infeliz jilguero*
llorando está cuando, de vuelta al nido,
muerto encontró por una flecha herido
al que fue de su vida el compañero.

Gime en tristes lamentos la avecilla
en ansias y en suspiros angustiada,
y agoniza en dolor la pobrecilla
la que en su vida anduvo enamorada.

Y olvidada en un nido abandonado
muerta yace en dolor junto a su amado.

Al verlos juntos los tomé del nido
ahondando un hoyo bajo algún ribazo,
y allí los enterré en su tierno abrazo
junto a un zarzal de rosas guarnecido.

Mayor fue mi dolor, después que viera
a Aquél por quien su amor mi vida diera,
con una grande herida en el costado
y al precio de su amor, crucificado.

101. *¿Dónde estás, mi Señor, pues no te veo?*
te busco y no te encuentro, y mi deseo
es tan intenso y cruel que tal hiciera
que de no hallarte pronto falleciera.

102. *Al paso me miraste*
en silenciosa insinuación de amores,
y luego me dejaste
buscando en los alcores
en los riscos de gamos saltadores.

103. *¿Oíste al fin mis gemidos...?*
¡Si acaso el triste lamento
llevara en alas del viento
mi llanto hasta tus oídos...!

104. *Si al batirme contigo yo me viera,*
Teñido en sangre, sin poder vencerte,
Perdido el casco, rota la cimera,
ciega por ti mi alma hasta la muerte,
vencido y derrotado decidiera,
rendido por mi amor, pertenecerte.

105. *Y allí mis penas fueron fenecidas*
junto al mar que vio unidas nuestras vidas,
mecido en suaves ondas, producidas
por las azules aguas removidas.

106. *Vayamos a los prados,*
y a la rosada aurora esperaremos
de todos olvidados.
Y allí nos quedaremos
y el despertar del campo escucharemos.

107. *El sol que despuntaba*
a despertar las flores con un beso
vio que contigo estaba
y, viendo mi embeleso,
decidió demorarse más por eso.

108. *En la noche serena*
del silencioso valle nemoroso,
en honda y dulce pena,
la espera del Esposo
de ardorosa impaciencia mi alma llena.

109. *Fuime hasta las estrellas,*
pensando que en alguna
iba a encontrar vestigios de tus huellas;
más ya no hallé ninguna
desde el este del Sol hasta la Luna.

110. *Pasando por los prados,*
tus ojos con los míos se encontraron;
miráronse callados,
y heridos se quedaron
en la llaga de amor que se causaron.

111. *La dulce voz que mi destino guía*
por ásperos caminos me conduce,
hasta que al fin se desvanece el día
cuando la estrella de la tarde luce.

112. *Los susurros del viento*
dijeron a los pinos del otero
que yo por ti me siento
de amores prisionero,
y con ansias de verte yo me muero.

113. *Me requirió el Esposo*
para que de las cosas me olvidara
y, junto al valle umbroso,
sus ojos contemplara
y al mor de sus requiebros descansara...

114. *Ireme presurosa*
allí donde tu boca me lo pida;
allí donde, orgullosa,
el águila se anida;
allí donde ya todo nos olvida.

115. *Y al permitir los velos*
obscuros de la fe, en que te escondiste,
enciendes más los celos
del pecho que me diste
y agrandas más la llaga que me hiciste.

116. *Y entonces me miraste*
y en silencio dijiste que me amabas,
y luego me dejaste,
y vi que ya no estabas
y en suspiros de ausencia me dejabas.

117. *Dichoso aquél que ardiente ha deseado*
hallar las huellas del amigo amado
hasta que, ya cansado, al fin alcanza
lo conocido antaño en esperanza.

118. *He subido a buscarte*
al solitario monte donde moras,
para poder mirarte,
sin paso de las horas,
junto al bosque de dulces zarzamoras...

119. *Vayamos a la aldea,*
y a la rosada aurora esperaremos
para que yo te vea;
y luego callaremos
y el despertar del campo escucharemos.

120. *Amado, caminamos*
por las campiñas verdes y serenas;
y, mientras nos miramos,
de flores tú las llenas:
de nardos, de jazmines y azucenas.

121. *El aire sonrosado*
de las frescas mañanas en la aurora,
cantaba alborozado
de Aquél que me enamora,
más no quiso decirme donde mora.

122. *En ansias encendido*
llegué a donde el Amado me esperaba
en su escondido nido;
y mientras yo le hablaba
el susurro del viento no sonaba.

123. *Un beso yo le diera*
en la sangrante herida del costado;
aunque entonces muriera
de amores abrasado
y no sufriera más por el Amado.

124. *Y dando la labor por acabada*
aun ni siquiera en ciernes comenzada,
el bardo enmudeció con gran tristeza:
¿Quién osará cantar a la Belleza...?
Y fuese al fin, en marcha apresurada,
dejando atrás su péñola olvidada.

Índice de Cantos

A la rosada aurora 11
A las nevadas cimas 43
Acércate a mi lado 59, 60
Acude y caminemos 12
¿Adónde vas, pastora...? 21
Al bosque del otero 78
Al paso me miraste 102
Al ruiseñor herido 5, 25
Al sol precede la rosada aurora 88
Allá en los verdes prados 57
Allí el naranjo de nevadas rosas 82
Allí, junto al Amado 55
Allí me habló de amores 54
Amada, si quisieras 13
Amada, ya amanece 50
Amada, yo he buscado 46
Amado, caminamos 120
Amado, en las brumosas 72
Amado, he recorrido 45
Amado, subiremos 15
Amado, yo quisiera 47
Ansioso, fui a buscarte 86

Bajando por la vega 35
Busqué en vano al Amado 8

Con ansias de saber si me querías 62
Cruzado ya el arroyo por el vado 10
¿Cuál de tus ansias es la más soñada? 96

Cuando el alba suave aún no es mañana 36
Cuando el Amado hablaba 64

De noche se marchó el Amado mío 22
De noche se marchó hacia la montaña 23
De tu vergel un ave 9
Déjame que te siga, compañero 83
Desde las altas cimas 20
Dichoso aquél que ardiente ha deseado 117
¿Dónde estás, mi Señor, pues no te veo? 101

El aire sonrosado 121
El canto de las aves 18
El día ya se aleja 24
El sol que despuntaba 107
El sol que se asomaba 70
El sol, que ya se asoma 17
El susurrar del bosque se escuchaba 93
En ansias encendido 122
En el silencio alado 40
En la noche serena 108
En la rosada aurora 89
En la temprana aurora 39
En lágrimas bañado 95
En noches silenciosas 4
En vacilante vuelo y derrotero 26
Es la voz de la amada 74
Es la voz del Esposo 75
Es tierno tu mirar, luz de la aurora 76

Fue la rosa a decirle al clavel 99
Fuime hasta las estrellas 109

Hablarlo sin vivirlo es triste cosa 77
He subido a buscarte 118

Ireme presurosa 114

Juntemos nuestras manos 48

La dulce filomena 16
La dulce voz que mi destino guía 111
La suave brisa, desde la montaña 38
Las gotas del rocío 3
Las horas consumiendo 37
Las luces de la aurora 30
Los dulces ruiseñores 14
Los mares sosegados 44
Los rayos que la aurora derramaba 31
Los susurros del viento 112

Llegué a una encrucijada del camino 91

Me pediste te hablara de las cosas 80, 98
Me requirió el Amado 34, 61
Me requirió el Esposo 113
Mi Amado, las estrellas 67
Mi Amado, subiremos 49
Mi vida ya es tu vida 69

Ni el suave titilar de las estrellas 65

¿Oíste al fin mis gemidos...? 103
¡Oh amarga senda, dura y empinada...! 92

Pasando por los prados 110
Por las altas laderas 19
Pues ya la Noche el manto ha abandonado ... 85

Si al batirme contigo yo me viera 104
¡Si al recorrer el valle yo pudiera...! 27
Si de nuevo me vieres 52
Si huyera de tu lado 73
Si vas hacia el otero 1
Si vivir es amar y ser amado 90
Siguiendo a los pastores 6
Sobre el abeto un infeliz jilguero 100
Son tus dichos de amores 53
Soñé en mis duermevelas 56
Subí hasta las estrellas 7
Sus ojos en los míos se posaron 32
Sus ojos me miraron 33

Te busqué, mas no te hallé 29

Un beso yo le diera 123

Vayamos a la aldea 119
Vayamos a las faldas del monte 51
Vayamos a los prados 58, 106
Ven por fin a mi lado, bienamada 81
Vino hasta mí el Amado 41

Y al fin mis penas en el mar murieron 42
Y al permitir los velos 115
Y allí mis penas fueron fenecidas 105
Y aunque seguimos juntos el sendero 2

Y, cuando al comenzar la primavera 97
Y cuando el cierzo suave 63
Y dando la labor por acabada 124
Y entonces me miraste 116
Y luego en soledad nos quedaremos 84
Y siendo ya las horas consumadas 66
Y subiré gozosa 71
Y una vez su carrera terminada 94
...Y ya sin esperar alzó su vuelo 79
Ya el ardor del estío pasa y huye 87
Ya el gélido invierno su ciclo fenece 28
Yo tu vida viviera 68

www.ingramcontent.com/pod-product-compliance
Lightning Source LLC
Chambersburg PA
CBHW030111240426
43673CB00002B/40